28 LETTERS CLEARING UP

# 28文字の片づけ

yur.3 著

SHUFUNOTOMOSHA

# はじめに

服は何着あればいいですか？という質問に
いつも「むずかしいな」と思うのは
誰にでも適量があって、その適量は人それぞれ違うから。
物差しにすべきなのは、「物の数」ではなくて
自分なりの「心地よさ・暮らしやすさ」です。

片づけや整理整頓の本をいろいろと読んだけれど
実際に暮らしの中で思い出すのは
ラベリングや仕分けなどのこまかな整理整頓術よりも
心に深く刺さった、一冊の中のたった一言や一文でした。

「片づけたい」は「変わりたい」だと思う。
誤解を招くことがあっても、強く言い切り、短い言葉を選ぶのは

解釈の余地を与えず、直感を信じて
「手放す」を行動に移してほしいから。

使わないペン1本を減らしたところで
その瞬間から劇的に暮らしが良くなることはないけれど
その使わないペン1本さえも減らせない人とその暮らしは、一生変わらない。
理想の暮らしや、なりたい自分は
そんな小さな選択を積み重ねた、その先にしかないのです。

片づけたい人、手放したい何かがある人、そして変わりたい人にとって
捨てたいものは捨てていい。なくてもいいものはないほうがいい。
変わりたいと思う背中を押す、そんな言葉に出会えますように。

CONTENTS

## Chapter 02 —— やめたら変わる

# CONTENTS

*Lover*

# 服を選ぶとき、<br>「この服で誰かに会いたくない」<br>と思ったら、<br>その服は寿命。

「この服で誰かに会いたくない」と思うなら
その服は寿命。
「この服であの人に会いたい」と思うなら
その人は好きな人。

*Awareness*

# 知り合いに会いたくない服は
# 着ない。持たない。

何気なく着た服のせいで
「知り合いに会いませんように」と思うのなら
それは立派な手放す理由。

*Storage*

# 入れ物を増やす前に 入れるものを減らす。

物があふれるとつい、収納を増やしたくなる。
でも、入れ物を買う前に
あふれたものをじっくり見直してみること。
そうすると「この服は似合わない」など
そもそもいらないことに気づけたりして
物や余計な買い物が減らせる。

*No more!*

# 部屋着とパジャマは
# 増やさない。

外にはもう着ていけないけれど捨てられない服。
頭に浮かぶのは「部屋着 or パジャマ」という言葉。
「もったいないから」はそれらしく聞こえるけれど
捨てることを保留にしているだけ。

人生における
睡眠の時間は意外と長い。
ON／OFFの切り替えの意味でも
リラックスの意味でも
お気に入りのパジャマを着て大切に過ごしたい。

*Suddenly*

# 今日の下着で
# 救急車に乗れるか?

「下着は誰にも見られないから」
人目につかないものは捨てるタイミングがつかみにくい。
手放したいのに踏み出せないときには
これくらい極端な発想も効果的。
自分なりの物差しが「捨てたい背中」を押してくれる。

*Disappointment*

# 「着る服がない」と嘆く人ほど 着ない服は たくさん持っている。

本当に「着る服がない」人なんて
実際はほとんどいない。
着る服がないのではなくて
「着たい服がない」だけ。

*Decide !*

# 着ない服なら売りなさい。<br>売れない服なら捨てなさい。

手放すことは「もったいない」との戦い。
でも不要を追い出し、必要なものを知ることで
思考が変わり、マインドまで変わってくる。
変わりたいなら捨てるべき。

*Reason*

# 1週間出番のない服には、着ない理由が必ずある。

お気に入りの服に理由があるように
何気なく遠ざけている服にも
着ない(着たくない)ネガティブな理由が必ずある。
持っているだけなら意味はない。

# WHY?
## 出番のない服

- 太って見えるワンピース
- 洗濯するとしわしわになるシャツ
- 気軽に着られないコート
- 靴ズレしちゃう靴
- 座るとキツいパンツ

*Don't you?*

# 「まだ着られる」と思うのは「もう着たくない」から。

言い聞かせなくてもいい。

もう着たくないなら、着なくていい。

*Overestimation*

# 捨てられない人に限って不要なものを過大評価している。

「売っても安いから」となかなか手放せない人は
実際に売ってみて
それに「自分が思うほど価値がないこと」に気づくべき。
プレゼントや思い出の品が手放せない人は
それが「相手や思い出そのものではないこと」に気づくべき。

*Femininity*

# 服を捨てられない人のほうが
# それを着て女を
# 捨てていたりする。

服を長く大事に着ていることと
捨てられずにただ持っているのとは違う。
「もったいないから」着ているだけで
なりたい自分から遠ざかっている。

Plenty Box
Plenty Box
Plenty Box
Plenty Box
Plenty Box

*Quality*

# 他人から見えるのは
# 服の量より質だった。

他人から見えるのはクローゼットの服の量でも値段でもなく
今着ているその服が似合っているか
手入れが行き届いているか、ただそれだけ。
厳選すれば1着にかける予算もお手入れの時間も増やせる。

*Sense*

# 今日の服が妥協でも
# そこから印象はつくられて
# そのうち、
# それがセンスになる。

今日着ている服が妥協なのかお気に入りなのかは
相手にはわからない。
相手が感じる「センスのいい人・悪い人」に
こちらの都合は関係ない。

BOX NO.

*Secret*

# 服で隠した女子力の低さは下着や靴下でバレている。

服にどんなに気をつかっておしゃれにしていても
不意に見えた下着や靴下のほうが
目につき、際立って、その人を印象づける。
女子力は、思わぬところで測られている。

*Mind*

# 古いパンツも捨てられず、女をサラリと捨てていく。

下着は自己評価。
これでいいやと思った時点で、理想の自分が遠ざかる。
見えない部分だから
周りの誰かに遠慮はいらない。
なりたい自分になるために
背伸びするくらいがちょうどいい。

*Motivation*

# 適当な服で過ごせば、適当な一日になる。

服装やメイクの出来で
その日の行動範囲や意欲が変わる。
外見で気分が変わるのなら
できるだけきちんとしていたい。

*Lingerie*

# 下着は高級でなくていい。お気に入りを着けていたい。

肌に一番近いもの。
値段じゃなくて、心地よさだと思う。
高級である必要はまったくない。
いつもの自分でいられたり
着けるだけでモチベーションが上がったりする
そんなものを身に着けたい。

*Tidy*

# 掃除とメイクは 誰かを想うと キレイにできる。

掃除やメイクをしない日があってもいい。
でも、きちんとする日は大好きな「誰か」に見られることを想ってみて。
誰にも会わない日のメイクは適当になりがちで
来客のある日の掃除はやたらとはかどる。
見られることを想うほうが
人は丁寧にできるもの。

*Bliss*

# 明日も
# 着たくなる服だけ。

買ったばかりの素敵な服があると
週末の予定はより楽しみになる。
デザインも着心地もお気に入りで
今日も着たけれど明日も着たくなるような
そんなワードローブを目標に。

# CHEERFUL

## 明日も着たくなる服

- 気分がアガるワンピース
- さっと羽織れるコート
- 色が絶妙なブラウス
- スリムに見えるレギンス
- 着心地のいいニット

Column _ 01

# クローゼット変遷

断捨離や見直しを続けてきた
yur.3のクローゼット。
引っ越しをした2015年から2018年までの
移り変わりを見せます。

## 2015年

### 物を持ちすぎていて、クローゼットに収まりきらなかった

アパートから一戸建てに引っ越し、収納スペースが増えて、服を持ちすぎていました。このクローゼット以外にも衣装ケースに服をたたんで保管し、春夏・秋冬のそれぞれで衣替え。**1**_イケアの吊り下げ収納にはニットなどを。服を置いた面がU字にしなることにプチストレス！　**2**_ラックにはアウターや帽子を。**3**_イケアの引き出し収納の上２段には毎日出し入れのある下着と靴下、下２段には登場回数の少ない服が入っていました。

# 2016年

1

3

2

## 面倒な衣替えをすれば、なんとか管理できる量に減らした

イケアの吊り下げ収納をやめ、収納スペースを狭めた分、クローゼットの残り（半分）のスペースで洗濯物の部屋干しをしていました。部屋干ししたものをすぐ横にかけられる、というシステムを試していた時期。**1**_用途で使い分けていた２種類のハンガーは、フックの形が似ているものを選んですっきりと。**2**_秋冬の衣替えをしたクローゼット。引き続きラックにはアウターと帽子。**3**_春夏のクローゼット。奥のラックには特にかけるものがなく、スカスカな状態でした。

# 2017年

2

1

4

3

## 衣替えをしなくてもいい量に断捨離して、服を一括管理

服の管理はこのウォークインクローゼットで完結させたくて、服の断捨離を強化！　いろいろ試して「トップスはすべてハンガーにかけ、ボトムスはたたむ」というルールにしたら、洗濯や管理がラクになりました。**1**_定位置になっているアウターと帽子置きラック。**2**_引き続きダイソーのスベリ止めハンガーを愛用。**3**_アウターを脱いだときに吹きかける除菌スプレーは、使いやすい場所に。**4**_服の保管場所をここだけにしたので、量が増えたように見えて、少し窮屈そう。

# 2018年

2

1

4

3

## クローゼットに収まった服を取り出しやすい量に見直し

服を一括管理できるようになったので、今度は選びやすく、取り出しやすいクローゼットにすることが目標でした。衣替えをしない、朝着る服に迷わない、洗濯してそのままハンガー管理できるなど、いいことがたくさん！　**1**_使いやすいハンガーを模索していました。**2**_数が少ないと、一枚一枚を特別に感じます。**3**_ラックには冠婚葬祭用の服をかけることも。**4**_「ラックがなかったらもっとすっきりするだろうなぁ」と感じるように……。

Column _ 02

# クローゼット大解剖

「現状維持は退化する」
yur.3のクローゼット現在進行形。
何を、どこに、どうやってしまう？を
隅から隅まで紹介します。

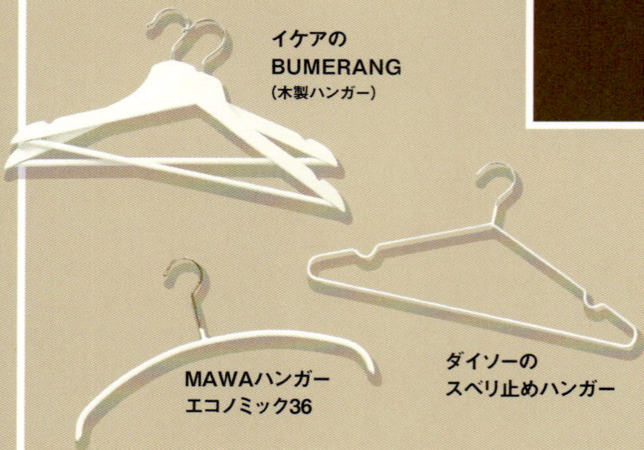
イケアの
BUMERANG
(木製ハンガー)
ダイソーの
スベリ止めハンガー
MAWAハンガー
エコノミック36

## 1 シャツやコートはすべてハンガーで管理する

イケアのハンガーは頑丈なのでアウター用。幅広なダイソーのハンガーには旦那さんのトップス、型くずれしにくくすべらないMAWAハンガーには私のトップスをかけています。

## 2 見やすさを重視して服は色ごとに

左から右へ、黒・グレー・白・グレー・黒のような「濃・薄・濃」の順番で服をかけています。ハンガーの種類は違っても、白×シルバーを選んで、見える部分の統一感をキープ。

楽天市場「まんまる堂」の
ハニカムパーテーション

## 3 靴下はふたをなくしたポイポイ収納

引き出し内に仕切りを入れて、1足ずつ靴下を収納しています。オフシーズンのものは奥に、よく履くものは手前にして靴下を一括管理。下の引き出しには下着やマフラーなどの小物、スポーツウェアなどをジャンル別に。

クローゼットの奥に置いていたアウターと帽子のラックを、ついに断捨離して、さらにすっきりと気持ちのいい空間に。イケアのSKUBBにはオフシーズンの掛け布団などを収納しています。

## 4 こまかなものはボックスに入れて整列させる

組み立てが簡単で、しっかりした段ボール製のボックス。紙コップや弁当箱などのキッチンで使うもの、絵具やクレヨンなどの文房具、クリスマスツリーなどのシーズンものを箱ごとに分けています。

セリアのプレンティボックス

## 5 脱いだパジャマはランドリーバスケットへ

旦那さんが脱いだパジャマをベッドに置きっぱなしにすることが気になって用意した、深めのランドリーバスケット。このおかげで、小言を言わなくてよくなりました(笑)。

## 6 レギンスやパンツはたたんで重ねる

上からパジャマバスケット、帽子、洗濯機行きの洋服入れ、ボトムスの順です。右半分が旦那さん、左半分が私。数を減らして余裕をもたせると、取り出しやすくなります。白のメタルラックはベルメゾンのもの。

## 7 最後に着るアウターはクローゼットの出口に

ショップのような選ぶ楽しみをつくりたくて、アウターをなるべくグラデーションになるようにかけています。下に何も置かないので、トレンチコートなどの丈が長い服もかけられます。バッグも床に置かずフックに吊るせば、掃除のじゃまになりません。

洗濯物の部屋干しに使っていたこともあるスペース。リビングにPid(室内干し用のワイヤー)をつけたことで、アウターがかけられるようになりました。ラックはキャスターつきで掃除がラク！

*Stop!*

# 他人の物を捨ててはいけない。

好みも管理も持ち物のキャパも違う
自分以外の誰かの物を
自分の秤で捨てられないし、捨ててはいけない。
喧嘩のもと。

*Choice*

# 安物買いをしない。

用途によっては
100均でも十分なものがたくさんある。
ハイブランドがモチベーションを
上げてくれるなら、それもいい。

何に価値を感じるかは
人それぞれ違うから
自分の尺度をきちんと持てば
「安物」の価値観が変わり、安物買いもしなくなる。

*Past*

# 「高かった」のは過去の話。

手放そうと決心しても
買ったときの値段がよぎるとなかなか手放せない。
でも、それは過去の話。
誰かが使ってくれれば捨てるよりマシで
売ってお金になればラッキー、と考えよう。
もったいなさは勉強代。
減らすことを優先して。

*Preference*

# 「保留」ばかりで手放さないといつか「好み」さえわからなくなる。

持ち物を見直すメリットは
過去の失敗や現在の「好き」に気づけること。
今、好きでも必要でもないものを
もったいないからと、とっておくうちに
だんだん「好き」がわからなくなる。

*Saving*

# 整理整頓は節約になる。

ごちゃごちゃとした部屋の中では
必要なものが見つからない。
探すのに時間を浪費するし
それでも見つからないときは、また買うことになる。

*Picture*

# 写真に写ると嫌なものは捨てるか見直す。

写真に写り込んでほしくない
ビジュアル的に気に入らないものを
毎日、目にすることでストレスが積み重なっていく。
使わないなら処分して
必要なものであれば、きちんと片づけたり
気に入るものに買い替えたりして
一度見直すといい。

スロー
写真
スクエア
パノラマ

*No!*

# 床に物を置かない。

床に物を置くことは掃除のしづらさに直結するから
掃除がより面倒なものになる。
物が汚れを呼び、汚れがまた物を増やす。
たとえば床の物をなくして掃除ロボットに任せられれば
忙しいときに掃除機をかけられない罪悪感や
家事のto doを一つ手放せて
そのぶん自分の自由な時間を手にできる。

*Enemy*

# 「とりあえず」は
# 敵。

何事においても「とりあえず」は敵。
とりあえず買っておく。とりあえず置いておく。
判断を先延ばしにすると、面倒なことほど溜まっていく。
買い物も掃除も断捨離も「今、この瞬間」。
後回しにしない。

CHECK POINT

「とりあえず」で買わない。

CHECK POINT

整理整頓は
「とりあえず」を減らすこと。

CHECK POINT

「妥協して買う」なら
「我慢して買わない」。

CHECK POINT

「何かに使える」と思うものは
ほとんど何にも使わない。

*Compromise*

# 妥協しても、
# 必ずまた欲しくなる。

妥協して手に入れたものは
理想よりどこか劣っているもので
用途やデザインなどの欲求が満たされていないから
結局はまた欲しくなる。
「妥協して他の何かを買う」よりは
「我慢して今は買わない」ほうを選びたい。

*Plenty*

# 物を持ちすぎる人は、失くしたことさえ気づけない。

ピアスやヘアアクセサリー。
もちろん必要なものだけれど
「持ちすぎている状態」だと全部使いきれない。
自分にはいくつ必要かを見極めないと
失くしたことにも持っていることにも気づけなくなる。

# CHECK!

## 持ちすぎてない？

□ リップ

□ 日焼け止め

□ コスメの試供品

□ ポイントカード

□ DM

□ 提出書類

□ バッグ

□ ピアス

□ ネイル

□ ヘアワックス

□ 本

□ CD

□ 紙袋

□ 空き箱

□ ペン

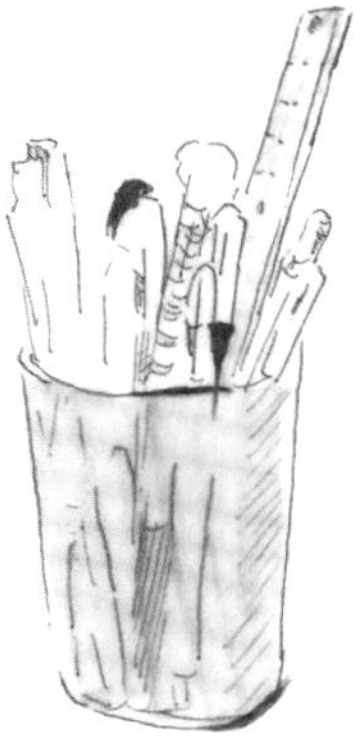

*Hesitation*

# 店で迷ったら買わない。家で迷ったら捨てる。

似たものを持っているから。
使わないかも／使わなくなったから。
色やデザインが好きじゃない／好みが変わったから。
迷うものには何かしらネガティブな理由がある。
買うか迷うものは買わず
捨てるか迷うものは捨てていい。

*Reduce*

# 「減らす」という家事。

持ち物の量は、家事の量にも直結する。
家事を減らしたいと思うなら
まずは持ち物を減らしてみればいい。

SHARP
900W

Column _ 03

# 手放したもの。

より暮らしやすくするために
断捨離を続けているyur.3が
実際に手放したものは？

＼譲った！／

野菜や果物を入れていた
## 白のワイヤーバスケット

玉ねぎやバナナなど、常温で保存する野菜や果物を入れていたワイヤーバスケット。「すべて冷蔵庫の野菜室で管理する」ルールにしたので、人に譲ることに。

＼減らした！／

出しっぱなしをやめた
## 100均のドレッシングボトル

スパイスやごまなどを入れていたボトル。冷蔵庫で保管することにしたので、入る量だけを持つことに。よくよく見たら、日常的に使っていないものも判明しました。

＼捨てた！／

サイズが小さすぎた
## 100均の保存びん

マカロニや乾物を入れていたのですが、全量が入りきらず中途半端……。他に入れたいものも特に思い浮かばなかったので、保留せずにスパッと捨てました。

＼減らした！／

水洗いしたら錆びた
## 100均のガラスキャニスター

サイズはよかったのですが、中身を入れ替えるときに洗ったら、錆びてしまいました。錆びたものだけ即処分して、個包装のティーバッグなど、水洗い不要なもの入れに。

Let go of the things

＼ 譲った! ／

部屋に合わなくなった

## グリーンのいす

イームズのいすは座り心地もよく、インテリアのアクセントにしていました。でも、リビングの黒の比率が多くなり、ミスマッチな印象になったので、「欲しい」と言ってくれた友人宅へ。

＼ 売った! ／

気分転換したくなった

## 動物のアートパネル

モノクロで描かれたリアルな動物がお気に入りだったのですが、毎日見ていたら飽きてしまって……。リサイクルショップで売りました。

# 手放し方は人それぞれでいい。

＼ 譲った! ／

過ごし方を見直した

## リビングセット

アパート時代から使っていた座卓を、よりライフスタイルにあう座面が高めのソファとテーブルにチェンジ。それによって使わなくなったソファやテーブル、ナチュラル素材の座布団は、それぞれ必要な友人などに譲りました。

# 服の断捨離

## ― 4つの選択肢 ―

一番溜まりやすい服。クローゼットで管理できる量が自分なりの適量、と決めています。

### 1 捨てるのが名残惜しいものは メルカリ

ブランド品や、金額が高かったものは、なかなか捨てる勇気が出ないので、メルカリに出品。他にもフリマアプリはありますが、どこに出品するか迷うので、私は１つに絞っています。欲しがりそうな友人が思い浮かべば、出品前に連絡します。

### 2 捨てるつもりで近所の リサイクルショップ

穴が開いているなど、劣化が目立つものは捨てますが、まだ着られそうな服は、捨てるつもりでリサイクルショップへ。持って行くのが面倒な距離だと、「保留中」が部屋に溜まってしまうので、一番近い店舗に、早めに持って行くのがポイントです。

### 3 プチプラブランドは 回収ボックス

ユニクロやGU、H&Mなどのプチプラブランドの服は、回収ボックスが店頭に置かれているので、着なくなったら入れるようにしています。ユニクロやGUは、着なくなった服を必要な人に寄付してくれるし、H&Mは割引クーポンがもらえるので、捨てるより得！

### 4 ゴミ箱 へ直行！

１～３に該当しないものは、すぐにゴミ箱へ。一度は捨てようと決めたものも、その場所に置きっぱなしにすると、捨てることを忘れたり、迷ったりしてくるもの。捨てようと思ったタイミングでゴミ箱に直行すると、確実に家から出すことができます。

## スペースも気持ちもすっきりする断捨離

着ていて「誰かに会いたくない」と思ったり、いろいろな理由で全然着ていない服をとっておいたりする必要はないよね？と思って始めた、服の断捨離。着ないものを手放して、自分の適量だけ持つことで、クローゼットが片づいて、朝着る服にも悩まない。スペースも時間も余分をカット。

# 手放すということ

どんどん簡単に、そして身近になってきた手放すための方法。
どう手放すか?という選択肢が増えてきている中で
手放すこと自体を迷っている人に
「どう手放すの？　その先もしっかり考えてね」なんてちょっと酷？
だけど不要なものを「捨てる」以外の道を把握しておくことはとても大切です。

実際に私が「いらない」と判断したときの、手放し方の選択肢は前述のとおり
譲る／売る／リサイクル／捨てる、の４つです。

マイルールは「譲ったものにはあくまで無頓着に」。
使い道や使い心地、使わなくなったときにどうするかについては
絶対に干渉しないと決めています。

手放した瞬間に、持ち主が自分ではなくなったことを忘れてはいけません。

おすすめのリサイクルショップもよく聞かれますが
その都度答えているのは「最寄りのお店」です。
手放すことを経験して思うのは、だいたいどこに売っても大差はないこと。
比較検討する手間のほうがよほど価値があります。
だとすると、最寄りを選ぶのが賢明だと思うのです。

そんなめんどくさがり屋の私にとって、フリマアプリはハードル高め。
新品やそれに近いもの、高価だったので「捨てるつもり」にはなれない
「諦めのつかないもの」だけを出品しています。

とにかく自分の元から手放して、家の外に出すことが断捨離のゴールです。

買いたいあなたへ

## ハッとする格言集

次の夏まで先取りしない。

いつでも買えるものは
すぐに買わない。

知るまで欲しくなかったなら
本当はいらないもの。

「かわいい」「欲しい」
でも「いらない」。

「送料無料」のための
余計な買い物をやめる。

憧れのあの人なら、それを着る？

買うのが得か、買わないのが得か。

「試着したら買え」なんて、
店員さんは思っていない。

コスパは値段÷使う回数
で考える。

*Favorite*

# お気に入りに囲まれる。

自分の家、自分の部屋だからこそ
自分次第でどんな色にも染められる。
「お気に入りに囲まれる」を意識してみた途端に
「これって本当に気に入っているかな？」と
疑問に思うものも出てくるはず。
何気なくそこにある物と
丁寧に向き合うことで
空間は少しずつ変えられる。

*Priority*

# 周りばかりを優先しない。まずは自分の機嫌取り。

仕事や家事、毎日必ずやらなければならないタスクはある。
でも、たまには手を抜いていい。
いつもがんばっているからこそ
とことん自分に甘いときがあってもいい。

## INGRATIATE

自分の機嫌取り

- **とっておきの豆を挽いてコーヒーを淹れる**
- **金曜日の夜はワインを飲みながら映画鑑賞**
- **大好きなパン屋さんで朝食**
- **月に1回、ヘアサロンで念入りにトリートメント**
- **いい香りのピローミストを枕にシュッ**

*Well-being*

# 物とゴミとストレスを溜めない人は上手くいく。

最近、なんとなくイライラする。
気持ちが後ろ向きになりがち。
そんなふうに感じるとき、もしかしたら
物質的にも精神的にも「不要なもの」が溜まっているのかも。
なりたい自分でいるために
自然と溜まる不要なものを意識的に手放したい。

*Better*

# 三日坊主でも やらないよりはずっといい。

何かを始めたいとき
最初から完璧に準備する必要はないと思う。
躊躇しているうちに時間だけが過ぎて
結局、やらずに終わるのなら
たった１日、今日だけでいい。
とにかく始めるほうがいい。

CHECK!

## 始めてみない？

- □ 早寝早起き
- □ 毎日のトイレ掃除
- □ 寝室を整えてから出かける
- □ 飲み物は常温にする
- □ 返信を早くする
- □ マイナス言葉を使わない
- □ お金を使わない日をつくる
- □ 就寝前のSNSをやめる
- □ ウォーキング
- □ 習い事
- □ 日記や家計簿をつける

*Important*

# 少しだから、大事にできる。

たくさん持つほど、管理は大変になる。
同じだけの時間と労力をかけるのなら
５つするよりも１つだけするほうが簡単で
丁寧に管理できるはず。
物事の管理やメンテナンスが行き届いていないと思ったら
「こんなに必要？」と自分に聞いてみて。

# ONLY ONE

## 1つあれば十分！

- お気に入りのパンプス
- 書きやすいペン
- ゴールドのネックレス
- 使い勝手のいいウォレットバッグ

*Beautiful*

# キレイでなくても 小綺麗にはできる。

シャツのしわにアイロンをかける。
髪のツヤを気にかける。
ネイルのくずれを直す。
日常のちょっとしたことに心を配るだけ。
「キレイになれる」とまでは言わないけれど
自分が満足できる「小綺麗」はつくれる。

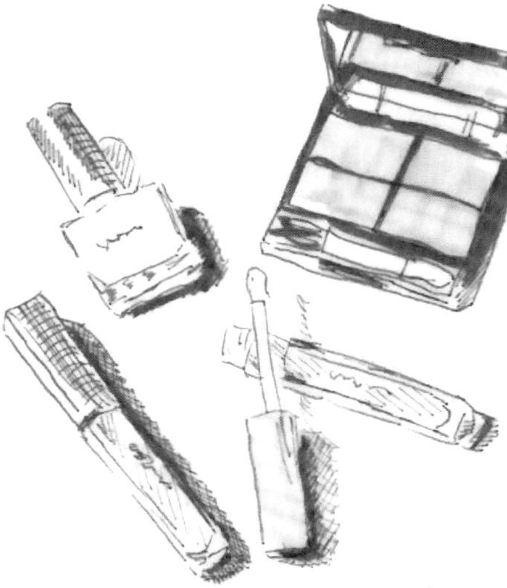

*Value*

# 「持っているだけで幸せ」なら それだけで十分価値がある。

価値は自分で決めていい。
「持っているだけで幸せ」
「目に入るだけで幸せ」なら、それで十分。
大事にしよう。

Column _ 04

# 少ないほど豊か。

yur.3が「Less is more」の精神で愛用している
お気に入りの数々がズラリ！

Kitchen Item

## KITCHEN

### お気に入りに囲まれたキッチン

白っぽいクローゼットに対し、キッチンやリビングは
黒を基調としたインテリアで統一しています。
黒とメタリックシルバーのクールな雰囲気の中に
癒やしのグリーンをバランスよく！

ステンレス・白・黒・木目を選んで、色を氾濫させない。

**ソープディスペンサー**

simplehumanのセンサーポンプ。手をかざすだけでソープが出て、充電式でコードレスだからすっきり！

**グラス**

イケア365+シリーズのゴブレット。プチプラなのに見栄えがよく、重ねて収納もOK。自家製カフェラテが、私の定番です。

**ゴミ箱**

ベルメゾンで買ったゴミ箱は、ゴミ箱っぽくなくてインテリアにマッチ。キャスターつきで掃除がしやすい。

### キッチンクロス

４枚で399円のキッチンクロスは、イケアのもの。引っかけられるフックつきで便利です。冷蔵庫にマグネット式のタオル掛けを貼り、吊るして使っています。

### ハンギングバスケット

タオルやクロスを置くのにちょうどいい、POSH LIVINGのアイアン製バスケット。キッチンの黒の比率が増えて大満足！

### 鍋

みそ汁を作ったり、野菜を茹でたりするときに使いやすい、コンパクトサイズの鍋。イケアで見つけました。

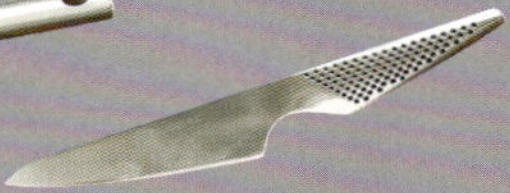

### 包丁

GLOBALのペティーナイフ。普通の包丁よりもひと回り小さく、女性の手にフィットするから扱いやすい。

### ザル＆ボウル

柳宗理のストレーナーとボウルは、カタログギフトで。使いやすさがバツグン！ いいものは使い続けたい。

### スポンジ

まとめ買いしている、マーナのおさかなスポンジ。握りやすく、こまかい部分も洗いやすい。

### タオル

Hinata Lifeで見つけた、デニムの風合いがおしゃれなタオル。キッチンやトイレで使うタオルは、これで統一しています。

### 時計

文字まで黒なのが珍しくて、即買いした掛け時計は、アウトレットストア「ベルライム」で。大きいわりに軽くて扱いやすい。

### プラントボックス

グリーンを置くのはもちろん、リモコンなどの生活感があるものを隠しています。ferm LIVINGのもの。

# ELECTRIC APPLIANCES

## ずっと探して見つけた電化製品

家電は片づけられないものが多いので
機能性はもちろん、見た目も重視。
とにかく「黒」を納得がいくまで探します。
生活感が少なく、置くだけでおしゃれに。

### 扇風機

プラスマイナスゼロの扇風機は、スタンドから羽根まで濃いブラウン。高さを変えられるから、風が行き渡って気持ちいい。

家事が減れば、
時間が増える。

### 掃除ロボット

平日の床掃除はルンバに頼りっきり！ 色はもちろんブラック。クローゼットの入り口に充電基地を設けています。

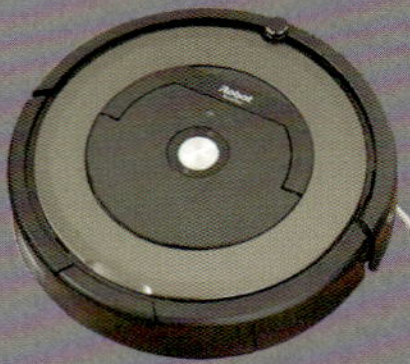

### 炊飯器

炊飯器は買い替えたばかり。象印のSTAN. にひとめぼれして、機能の確認はそこそこに購入しました（笑）。とてもおいしくお米が炊けます。

# FURNITURE

## 見ているだけで幸せになる家具

家具は専有面積の広いものだから
置いたときのことを想像しながら
なるべくひとりでも動かせるものを選んでいます。
やっぱり大好きな黒のアイテムが多め！

環境で
マインドも
変わる。

**ミラー**

円形のシルエットや大きさ、竹製のフレームが気に入って、楽天市場「サンテクダイレクト」で購入。チェストとの相性もぴったり。

**チェスト**

時計と同じショップで買いました。書類からコスメまで、散らかりがちなものを仕分けて入れています。

**ポスター**

動物のシルエットを眺めるのが好きなので、茶臼山動物園（長野県）で買ったポスターを飾っています。額に入れるだけで特別感がアップ。

**ソファ**

楽天市場「Marukin」で購入した、ダイニングテーブルとのセット。アームソファとアームレスソファの配置を変えて楽しんでいます。

**ラグ**

シャギーラグは楽天市場の「Asia-kobo」で。円形だと、角がないからズレても気にならず、部屋がやわらかい雰囲気に。毛足が長くて縁が見えないところも好き。

保留にしているあなたへ

## ドキッとする格言集

「キレイ」は保ちたくなるもの。
「汚れ」は広がるもの。

子どもと旦那は散らかす生き物。

ポケットティッシュを溜める人ほど
大事なときには持っていない。

いらないものを捨てないから、
大事なものが見つからない。

使い道を探さない。

捨てられないなら
大事にすること。

どこにあるかわからないなら
持っていないのと同じこと。

性格は部屋に出る。

置く場所がないのが
持ちすぎている証拠。

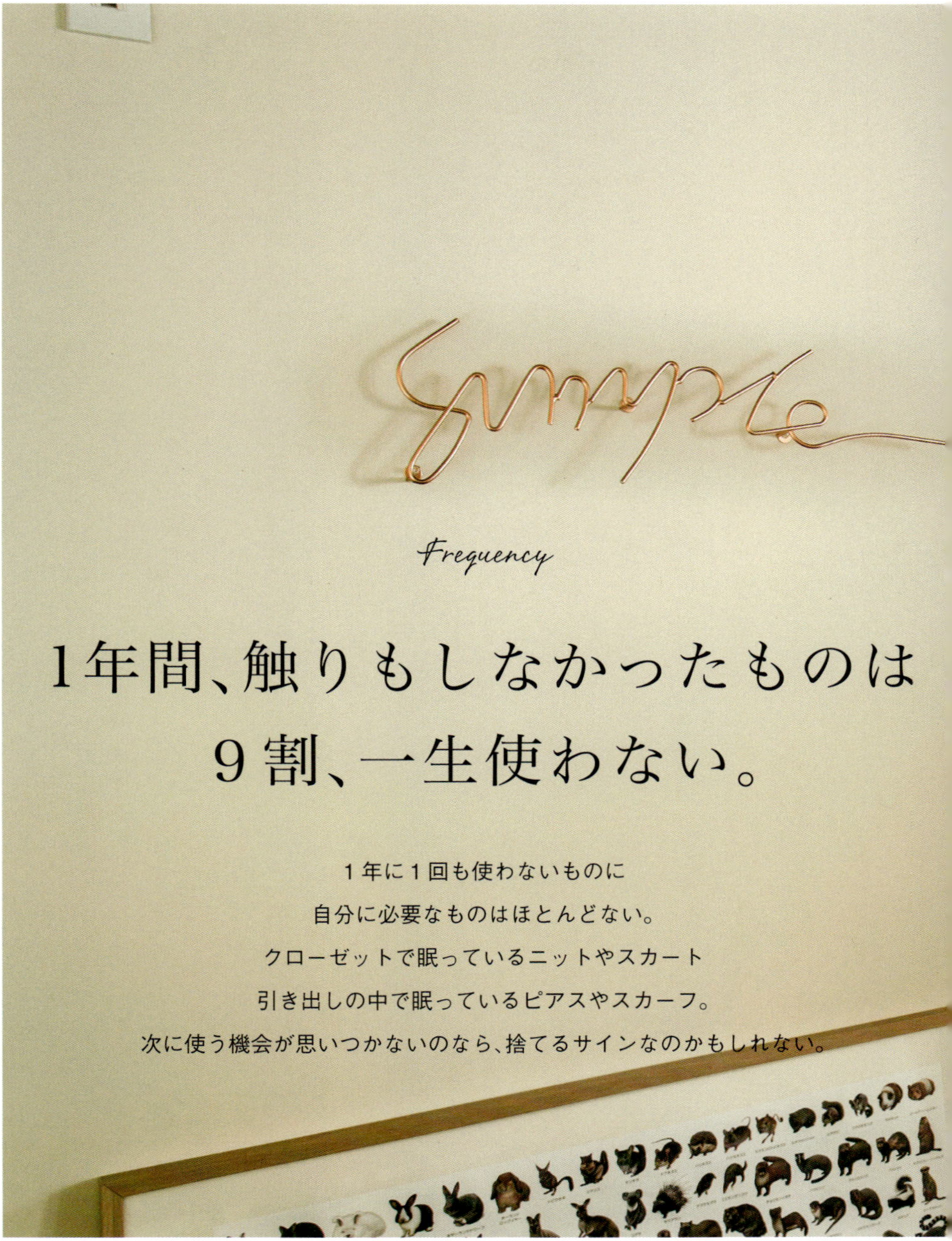


*Frequency*

# 1年間、触りもしなかったものは9割、一生使わない。

1年に1回も使わないものに
自分に必要なものはほとんどない。
クローゼットで眠っているニットやスカート
引き出しの中で眠っているピアスやスカーフ。
次に使う機会が思いつかないのなら、捨てるサインなのかもしれない。

*Spirit*

# 「これでいっか」の精神が物の量を増やし、質を下げる。

妥協はクセになる。
「これでいっか」と選んだリップで素敵な女性になれる？
「これでいっか」と選んだ道具で料理のモチベーションが上がる？
何気ない選択の積み重ねが暮らしをつくっている。

*Luck*

# 厄払いより
# 神頼みより
# トイレの掃除。

トイレには家の中で一番の福を持った神様がいる、という。
だとするとマメに掃除をすることでトイレがキレイになるうえに
神様からのご褒美も……⁉
モチベーションはなんだっていい。

*Money*

# ホコリを溜める人に
# お金は貯まらない。

お金持ちの共通点は、家がキレイなことだと思う。
暮らしをないがしろにする人にお金は貯まらない。
まずは環境を整えよう。

*Amount*

# 物の量が、
# 家事の量。

服を持つから洗濯をしなくちゃだし
食器があるから洗い物をしなくちゃいけない。
家具はホコリを払って、靴は磨いて、花に水をあげなきゃいけない。
引っ越し前のまっさらな部屋なら
存在しなかった家事も
物の量が増えれば、そのサイクルや管理の手間まで増える。

Consumers
GRAIN
and SUPPLY CO
KALDI
COFFEE FARM
Olio
SHARP
1 サックリ解凍
2 はがせ技 全解凍

*Displeasure*

# 汚部屋は人を不機嫌にする。

過ごす空間で
良くも悪くも思考は左右されるもの。
日常に追われて整えられない日があってもいい。
でも、それがストレスの要因だとしたら
立ち止まってリセットする日や時間を設けたい。

*Necessary*

# 大切なのは
# 「使えるかどうか」ではなく
# 「使うかどうか」。

手放す作業を「物」で考えてしまうと
現状をどうにか変えたいと思っていても
壊れたもの以外は何も手放せないことになる。
考え方の基準を「自分」そして「今」にして
「使うかどうか」を問いかけてみては？

*Precious*

# 大事なものなら
# そもそも「捨てるか」迷わない。

いつも身につけている、お気に入りのアクセサリーを
捨てるかどうか悩んだことがある？
見ているだけで幸せなお皿を
手放そうと思ったことがある？
大事なものなら迷わない。

*Tired*

# 物が増えると、人は疲れる。

〝モノ〟が増えるほど、それにまつわる〝コト〟も増える。
新しい何かが欲しいときは
そのぶん何かを手放すことで
〝モノ〟と〝コト〟のバランスをとって。

*Less*

# 洗濯が嫌なら服を、
# 洗い物が嫌なら食器を、
# 掃除が嫌なら家具を減らす。

なんだかんだ物が家事を増やしている。
対象物を減らすことで、それに伴う家事が減る。
少しずつでも量を減らすと
負担もおのずと減ってくる。

coffee

*Parents*

# 捨てると決めたら親には見せるな。

捨てると決めたものを、親が「捨てるならもらう」
というやり取りは、誰しも経験したことがあるのでは？
誰かが使ってくれると思うと
「もったいない」気持ちが
少し救われるけれど

ほとんどの場合に
その人にも不要。
お金を払ってでも欲しい、というものでないと
なかなか大事にできない。

捨てられないあなたへ

## グサッとくる格言集

この冬、着なければ捨てると決める。

靴下1足減らしても変わらない。
でも靴下1足も減らせない人は
一生変われない。

迷ったときは、服から減らせ。

人生最期の日に履きたくない靴下は捨てる。

なくてもいいものは
ないほうがいい。

物は飾るより、手放すほうが
部屋はキレイに見える。

捨てるか悩む、その服が好き？

捨てるか悩んだもののほとんどを
人は近い将来、必ず捨てる。

使っていないものを手放すだけで
どんどん運のいい人になれる。

Occupation

# 「いつか」使うかもに「今」を占領されないように。

いつか使うかも、の「いつか」は来ない。
「いつか」が「今」を圧迫するなら、試しに一度手放してみる。
また買ってまで手に入れたいものがいくつあるだろう。

# おわりに

最後まで読んでいただき、ありがとうございました。

日常の中で何気なく、でも真剣に向き合い
書き留めてきた言葉のストック。
たくさんの人の心に残るように試行錯誤しながら発信してきた言葉たちを
どうしたら、より心の奥深くに届けることができるかを
ずっと考えていたように思います。

おしゃれでいたいけれど、服のセンスはないし
行き届いた部屋に憧れつつも、洗濯も掃除も苦手で面倒くさい。
そんな私が、今は前よりがんばらなくても自分らしくいられるようになった。
コンプレックス払拭のカギは、減らし、厳選することだったから
「手放すことで人生が変わる」というLess is moreともつながる想いは
より強いものになりました。

それを他の誰かにも味わってほしいと本気で思ったら
ここに載せた言葉たちを大切に思ってくれる人のことを想ったら
人生で最初で最後かもしれないこの本を
「いい記念になりました」では到底終わらせられなくて
私ひとりでこだわってきたyur.3の世界観にいろんな人を巻き込んで
今できる最大限でこの本ができたと思っています。

本にある言葉の中で「うーん」というものがあれば
片づけと同じように潔く捨ててください。
必要な言葉だけを煮るなり焼くなりしていただいて
そっと頭の片隅に置いていただければ幸いです。

ゆり

本文中のイラスト、
表紙のチョークアートや
タイトル文字は
yur.3が描きました。

**yur.3(ゆりさん)**

新潟県在住の33歳。2歳の男の子、夫、夫の両親との5人暮らし。捨てたい気持ちを後押ししてくれる格言をインスタグラム(@yur.3)で発信し、フォロワー数12万人を超える。

Staff

**装丁・本文デザイン** _ 高木秀幸(hoop.)

**撮影** _ 松木 潤(主婦の友社)、yur.3

**編集協力** _ 本間 綾

**編集担当** _ 三橋亜矢子(主婦の友社)

＊本書に登場するショップや商品は購入当時のものです。

**28文字《もじ》の片《かた》づけ**

2019年 11月20日　第1刷発行
2020年 5月20日　第9刷発行

著　者　yur.3《ゆりさん》
発行者　矢﨑謙三
発行所　株式会社主婦の友社
〒112-8675　東京都文京区関口1-44-10
電話　03-5280-7537(編集)
03-5280-7551(販売)

印刷所　大日本印刷株式会社

　ISBN978-4-07-438506-5



■本書の内容に関するお問い合わせ、また、印刷・製本など製造上の不良がございましたら、主婦の友社(電話:03-5280-7537)にご連絡ください。
■主婦の友社が発行する書籍・ムックのご注文は、お近くの書店か主婦の友社コールセンター(電話:0120-916-892)まで。＊お問い合わせ受付時間　月～金(祝日を除く)9:30～17:30
主婦の友社ホームページ　https://shufunotomo.co.jp/